FRANÇOIS DE NEUFCHATEAU

MINISTRE DE L'INTÉRIEUR

(17 juin 1798. — 22 juin 1799.)

EPINAL
IMPRIMERIE BUSY FRÈRES

1874

FRANÇOIS DE NEUFCHATEAU

MINISTRE DE L'INTÉRIEUR

(17 juin 1798. — 22 juin 1799.)

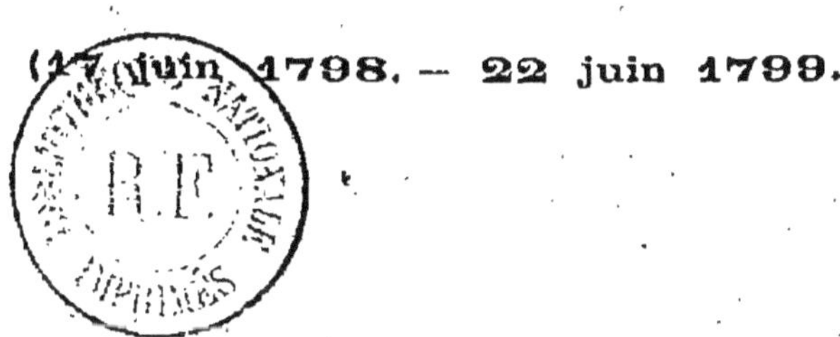

ÉPINAL
IMPRIMERIE BUSY FRÈRES

1874

FRANÇOIS DE NEUFCHATEAU

MINISTRE DE L'INTÉRIEUR

(17 juin 1798. — 22 juin 1799.)

Les biographes qui ont écrit la vie de François de Neufchâteau ne sont pas d'accord sur le lieu de son origine. Les uns le font naître à Vrécourt, d'autres à Liffol-le-Grand ou à Neufchâteau. Suivant la version la plus accréditée, il aurait vu le jour à Saffais, petit hameau du département de la Meurthe, le 15 avril 1750.

Si le mystère enveloppe encore le lieu de sa naissance, l'histoire n'est pas mieux renseignée relativement aux personnes de qui il reçut la vie. On admet généralement qu'il eut pour père un pauvre régent d'école de Saffais ; mais rien ne le prouve d'une manière positive. A Vrécourt, à Liffol-le-Grand et ailleurs, la tradition lui donne un haut lignage ; il serait le fils d'un personnage illustre qui, ayant intérêt à cacher la vérité sur le fruit d'une liaison illicite, l'aurait déposé chez l'homme obscur dont il a reçu le nom.

Laissons les bruits vagues et contradictoires pour les faits authentiques. François de Neufchâteau montra, dès sa plus tendre enfance, une intelligence extraordinaire. Son père adoptif ou réel, l'instituteur de hameau, fut son premier maître ; il lui enseigna tout ce qu'il savait et fut bientôt à bout de ressources. Heureusement, une fée bienfaisante — il y avait encore des fées à cette époque — vint, à point nommé, au secours du petit prodige, sous la figure du bailli d'Alsace d'Hénin-Liétard, Grand-Hospitalier de l'Ordre de Malte, qui habitait alors

Neufchâteau. Il l'emmena avec lui et le confia à un homme instruit, l'abbé Veinhemer, directeur d'un collége de Jésuites. Là, François étonna ses professeurs par la rapidité de ses progrès. Il apprit en peu de temps les langues classiques et s'exerça avec tant de succès à la poésie, qu'à l'âge de treize ans il publia un essai sous le titre de : *Poésies diverses du sieur François, pensionnaire au collége de Neufchâteau.*

Quel brillant avenir semblait être destiné à l'enfant auteur de ces vers !

Oui, Muses, dans cet âge où l'on bégaie à peine,
J'aimais déjà, j'aimais les eaux de l'Hippocrène.
Des poètes fameux, vos tendres favoris,
Mon émulation dévorait les écrits ;
A leur vue, embrasé d'une audace sublime,
Je portais sur leurs pas les chaînes de la rime.
Que je serais heureux si les neuf doctes sœurs
Daignaient sur mes désirs mesurer leurs faveurs !

En 1766, voulant sans doute témoigner sa reconnaissance à la ville qui l'avait adopté, François ajouta à son nom celui de Neufchâteau, comme l'indique un deuxième recueil, intitulé : *Poésies fugitives de M. François de Neufchâteau, en Lorraine,* et un arrêté du Parlement de Nancy, rendu en 1777, l'autorisa à le conserver.

Je n'ai pas l'intention de retracer ici tous les détails de cette existence, aussi laborieuse et utile que tourmentée, et dont j'ai décrit ailleurs les vicissitudes (1). Je me contenterai de raconter l'histoire de son second passage au Ministère de l'Intérieur. Mais, pour procéder avec ordre, je diviserai les matières, et examinerai successivement les réformes ou les créations dont lui sont redevables les diverses branches de ce service, qui, outre ses attributions actuelles, comprenait alors l'Agriculture, le Commerce, l'Industrie, l'Instruction publique et les Beaux-Arts.

(1) Essai sur François de Neufchâteau.

INDUSTRIE

Dès que la Révolution eut affranchi les arts utiles des entraves féodales, on leur vit prendre un essor rapide. En vain les orages politiques, inséparables d'un renouvellement social, absorbaient les esprits; en vain, la guerre civile et la guerre extérieure dévoraient les capitaux, ces arts triomphèrent de tous les obstacles. Sous l'influence bienfaisante de la liberté, l'agriculture s'améliora, de nombreux ateliers s'élevèrent. La routine commença à céder la place à une noble émulation.

Cependant, il manquait une condition essentielle à l'accélération des progrès de l'industrie. Tant que, livrée à elle-même, elle se contentait d'éparpiller ses produits immédiatement après leur fabrication, il fallait un temps considérable pour en faire connaître et propager au loin les perfectionnements. Les inventeurs isolés restaient de longues années avant de recueillir le fruit de leurs travaux, de voir la patrie bénéficier de leurs découvertes. Heureux encore quand la misère ne les tuait pas !

François de Neufchâteau conçut et eut la gloire d'exécuter le premier un projet grandiose, dont l'évolution, perpétuée jusqu'à nous, aboutit à l'incomparable Exposition universelle de 1867. Appeler de tous les points du pays, réunir, avec le concours de l'Etat, dans un vaste établissement, les œuvres précieuses du travail manufacturier, afin de les offrir périodiquement à l'étude des artistes spéciaux et à l'admiration des curieux, tel fut ce projet qui, dans la pensée de son auteur, devait non-seulement améliorer l'industrie, mais encore habituer les hommes à substituer peu à peu aux guerres sanglantes les luttes pacifiques, au droit de la force brutale, le droit du labeur intelligent. L'idée du Ministre était empreinte d'un cachet de simplicité et de grandeur. Sa mise à exécution allait élargir les voies ouvertes au génie, qui invente, comme au talent, qui améliore, poser les bases d'une science nouvelle, la technologie, et élever en dignité la classe ouvrière.

« L'Exposition aura pour époque et pour durée les

cinq jours complémentaires, écrivait François de Neufchâteau, dans une circulaire du 9 fructidor, an VI, adressée aux Administrations centrales des départements et aux commissaires du Directoire exécutif. Un jury, nommé par le Gouvernement, parcourra les places attribuées à chaque industrie, et choisira, le cinquième jour, les deux fabricants ou manufacturiers qui lui auront paru mériter d'être offerts à la reconnaissance publique, dans la fête du 1er vendémiaire. »

Pour concourir, il suffisait à chacun de justifier de sa qualité par la représentation de sa patente, et de n'exposer que des produits de son industrie. Cent dix fabricants répondirent à l'appel du Ministre. La ville de Paris et le département de la Seine fournirent à eux seuls la plus grande partie des objets. Un catalogue imprimé faisait connaître les noms des manufactures dont les produits étaient admis, les départements et les communes où elles étaient situées, le prix des objets exposés

Le troisième jour complémentaire, le Ministre, délégué par le Directoire exécutif, présida avec une grande pompe à l'ouverture de la solennité. Le 1er vendémiaire, les noms des lauréats furent proclamés. L'Exposition fut prorogée jusqu'au 10.

Cette fête eut un immense retentissement. Aussi, dans une seconde circulaire, François de Neufchâteau, en annonçant celle de l'année suivante, manifestait-il la satisfaction la plus vive. Les guerres et d'autres causes empêchèrent la réalisation de son projet, quant à la périodicité annuelle des expositions. Il y eut des lacunes, mais l'impulsion était donnée. Chaque fois, le nombre des exposants augmente avec le chiffre des récompenses décernées. A la onzième, le 1er juin 1849, les denrées agricoles et les bestiaux sont admis et élargissent le cadre de ces luttes pacifiques. La Bavière, l'Autriche, la Prusse, l'Espagne, le Piémont, la Russie, etc., etc., marchent sur les traces de la France. Jusqu'en 1851, dans toute l'Europe, les expositions sont exclusivement nationales, c'est-à-dire n'admettent que des produits indigènes. A partir de ce moment, elles prennent un caractère universel. La paix, les idées de libre-échange, le développement des voies ferrées, font naître la conception gigantesque de convier dans un même bâtiment les industries de tous pays, et, le 1er mai 1851, le magnifique Palais de Cristal de Londres permet à des millions de curieux d'embrasser d'un coup-d'œil l'état où étaient parvenus, sur le globe, les arts utiles.

PLANTATIONS. — AGRICULTURE.

Depuis plus d'un siècle, on se plaignait beaucoup de la dépopulation des forêts et de la rareté des bois. Les Trudaine avaient jeté le premier cri d'alarme. Buffon et Réaumur, en 1740, avaient suivi leur exemple. Frappé de la justesse de leurs observations, le ministre Turgot, pour remédier à ce regrettable état de choses, voulait forcer, par des mesures légales, les propriétaires à planter un vingtième de leurs terrains, sous peine d'être surtaxés aux impositions; mais la disgrâce qui le frappa l'empêcha de réaliser son projet.

Depuis lors le mal avait empiré. Il avait pour cause les énormes déprédations commises pendant la Révolution, et notamment l'anticipation des coupes. Le 22 fructidor an V, François de Neufchâteau appelait l'attention des citoyens et des communes sur les dangers prochains dont la Société était menacée, et les excitait, en termes pressants, au nom de leurs intérêts actuels et de ceux de la postérité, à créer des bois, de vastes forêts, des semis, des pépinières, et à faire des plantations le long des routes et chemins, des rivières non navigables, etc. Pour donner un appât à leur émulation, il promettait, au nom du Gouvernement, des récompenses à ceux qui entreraient dans cette voie réparatrice.

Le 25 vendémiaire an VII, il constatait que quarante départements avaient répondu à son appel.

Sous la Terreur, les Sociétés d'agriculture avaient partagé le sort des académies et des corporations de l'ancien régime; elles s'étaient éteintes. Après la tourmente révolutionnaire, François de Neufchâteau contribua, de concert avec quelques amis du bien public, à leur rétablissement progressif. Il a été l'un des fondateurs et l'un des membres les plus actifs de la Société centrale d'agriculture.

INSTRUCTION PUBLIQUE

L'instruction primaire fut l'objet principal de la sollicitude du Ministre. Son organisation datait de frimaire an IV. Elle était donc au berceau. La royauté, imprévoyante et aveugle, laissait à cet égard tout à faire au gouvernement qui lui succédait. Il fallait renouveler ou modifier les matières d'études, pour les mettre en rapport avec l'esprit de 89 et avec les besoins qu'il créait. Le personnel était ignorant, routinier; il fallait l'éclairer. Les livres élémentaires, mal écrits, hérissés de difficultés, avaient le triste privilége d'épouvanter, d'endormir ou de fatiguer les enfants; il fallait les remplacer. Aux vues larges du philosophe, François de Neufchâteau joignit l'instruction qui supplée à la pratique. Nous avons tous souri devant quelqu'une de ces gravures représentant un intérieur d'ancienne école. Le vieil instituteur, bonnet de coton sur le chef, lunettes au nez, est assis dans une chaire, tenant une verge d'une main et de l'autre main un livre qu'épelle un marmot effaré, dont l'attention se partage entre la verge et le grimoire. Les autres bambins se livrent, sur les bancs, aux espiégleries de leur âge, en attendant leur tour d'instruction : c'est l'enfance de l'art.

François de Neufchâteau substitua aux livres des cartes murales offrant les éléments de lecture, écriture, calcul, etc. Conformément à ses circulaires, les élèves, au lieu d'être appelés un à un, écoutent, les yeux fixés sur un même tableau, les explications du maître ou du moniteur. Nul ne musarde; l'émulation apparaît. Cette méthode, universellement adoptée aujourd'hui, nouvelle alors, révolutionna l'enseignement.

Qui composera les cartes murales ? Le Ministre lui-même. Il saura distraire, pour des intérêts minimes en apparence, quelques instants aux heures que réclament les hautes questions de l'État.

Mais si les cartes suffisent aux enfants, les maîtres ont besoin d'ouvrages élémentaires bien ordonnés, nourris de notions utiles. Or, les livres du temps, remplis de choses ridicules, ne convenaient plus. François de Neufchâteau établit entre les professeurs des écoles centrales un vaste concours, et nomme un jury composé de membres de l'Institut. Les vainqueurs seront récompensés par le Gouvernement, et leurs ouvrages imprimés aux frais de l'Etat. L'application du système des concours à toute espèce de travaux était le rêve favori de notre compatriote. Il voulut le mettre en usage dans les écoles centrales, et la lettre en date du 10 germinal an VII, par laquelle il fait part de son projet aux professeurs et aux bibliothécaires de ces établissements est digne d'être citée, au moins par extrait. Après avoir montré les avantages d'un concours universel, il ajoute :

« Le moyen d'émulation que j'indique aujourd'hui pourra recevoir par la suite des développements plus vastes. La gloire est un puissant mobile, mais l'intérêt en est un autre. On les combinerait tous les deux avec un grand succès, et on lierait aussi les écoles primaires avec les écoles centrales et les écoles spéciales, en donnant graduellement à un concours public les places et les bourses que l'on pourrait créer dans ces différentes écoles. Ainsi, l'on monterait, par une échelle continue, des prix donnés dans les communes à ceux des chefs-lieux de canton, de ceux des cantons respectifs à ceux de l'école centrale, enfin des écoles centrales aux prytanées supérieurs, etc.

« Le temps amènera sans doute cette amélioration du régime scolaire ; les sciences et les beaux-arts ne seront pas la proie exclusive des riches. La République a intérêt d'ouvrir cette carrière à ceux de ses jeunes enfants qui sont nés avec du talent, mais à qui la fortune manque. Ce sera donc purger une dette nationale et faire un acte de justice autant que de sagesse, que de donner des places gratuites dans tous les degrés successifs de notre enseignement à ceux qui les auront obtenues aux concours. Eh ! qui peut, en effet, peupler de sujets excellents les écoles et les lycées ? Ce n'est pas la protection, dont la main imprudente les choisit au hasard ; c'est l'aptitude constatée, c'est le mérite reconnu ; c'est la capacité et le travail prouvés, qui doivent arracher les lauriers de l'instruction. Le système électif est une base de nos lois, mais ce n'est pas assez de l'appliquer aux places qui excitent l'ambition parmi les hommes faits : il faut le transporter dans l'éducation et en tirer parti pour les hommes à faire. »

Les méditations et les efforts du ministre s'étendaient bien au-delà du cercle déjà très-vaste des études scolaires. Ils embrassaient dans une commune sympathie la masse des citoyens illettrés des deux sexes. Il eût désiré attaquer l'ignorance au moyen de deux machines de guerre : 1° les leçons libres ou conférences, qui auraient été faites par les professeurs des écoles centrales aux réunions décadaires ; on aurait poussé le peuple vers les goûts sérieux, en ne lui offrant que la fleur des connaissances ; 2° la rédaction et la propagation des almanachs et des annuaires. En cherchant dans ces petits livres un renseignement quelconque pour les besoins journaliers de la vie, les ignorants y auraient trouvé et lu avec plaisir des articles écrits sans appareil scientifique sur des choses qu'il est essentiel de savoir. Que d'idées vraies, utiles, il serait aisé de faire entrer ainsi dans le cerveau des masses ! Que de préjugés il serait ainsi facile d'en extirper !

BEAUX-ARTS, ETC.

Le Musée du Louvre est une création de François de Neufchâteau. Les tableaux, les statues, les vases antiques, les objets précieux d'histoire naturelle conquis en Italie par nos armées, arrivaient en foule. Le Ministre eut de la peine à obtenir les fonds nécessaires à leur installation. Le placement des tableaux dans les galeries et celui des statues dans les salles du Louvre ont été commencés par ses ordres. Par lui furent inaugurés l'*Apollon*, le *Mercure*, l'*Antinoüs du Belvédère*, la *Vénus du Capitole*, le *Laocoon*, la *Transfiguration*, de Raphaël, les *Chevaux de Corinthe* et cent autres objets d'art d'un grand prix. Tristes vicissitudes de la guerre! Ces trésors inestimables que nous avaient donnés les armes, les armes nous les reprirent à la chute de l'Empire!

Citons encore comme titres à la reconnaissance du pays, parmi les actes marquants du ministère de François de Neufchâteau, l'établissement du système de navigation intérieure, l'amélioration des routes et des chemins, celle des hôpitaux et des prisons, de nombreuses circulaires pour régulariser l'administration et la comptabilité des départements et des communes, pour propager le nouveau système des poids et mesures, la création du dépôt général des cartes de France, la préservation de la cathédrale de Reims du marteau destructeur de la bande noire.

A l'approche des élections du 1er prairial an VII, François de Neufchâteau adressa aux Administrations centrales une circulaire dont l'objet était de rallier autour du Directoire exécutif de la République et de la Constitution de l'an III, tous les esprits timides qu'auraient pu égarer les manœuvres des partis extrêmes. Cette circulaire présentait en même temps les élections de l'an VI comme le résultat d'une vaste conspiration monarchique. Maladresse qui souleva contre le Ministre des colères et des haines au sein des deux Conseils, dont les membres se trouvaient ainsi qualifiés implicitement d'intrus.

Au Conseil des Anciens, Marlot représenta le Ministre de l'Intérieur entouré d'une cour de flatteurs et de poètes, désignant au poignard des royalistes les républicains énergiques, après avoir, en 1793, décerné dans ses vers les palmes de l'immortalité à Marat, à Charlier, à Robespierre. Un ami de François de Neufchâteau répondit; il n'osa pas justifier la circulaire, mais il défendit l'homme probe, le ministre laborieux, le patriote sincère.

Au Conseil des Cinq-Cents, Garreau accusa François de Neufchâteau de pervertir l'esprit public en encourageant, avec les deniers de l'État, des spectacles subversifs de l'ordre établi, et, en particulier, la représentation de l'opéra d'*Adrien* au théâtre de la République-et-des-Arts.

A propos de la discussion sur la liberté de la presse, Chalmel prétendit que, depuis six mois, le Ministre entretenait un commis, dont l'emploi était d'assister aux séances de l'Assemblée pour y exercer l'espionnage.

Tous ces bruits étaient faux. Un rapport en apporta la preuve surabondante. Mais on s'acharnait à poursuivre systématiquement l'auteur de la circulaire. La position n'était plus tenable; il fut remplacé, le 4 Messidor an VII, par Quinette, administrateur de la régie de l'enregistrement.

En quittant le ministère, sa dernière pensée fut pour l'instruction publique. Il avait publié, le 1er germinal an VII, une *Méthode pour apprendre à lire aux enfants*. Cet ouvrage, approuvé et inscrit sur la liste officielle des livres élémentaires, avait été adopté dans le département de la Seine. François de Neufchâteau l'adressa, comme la dernière offrande de son travail, aux administrations centrales des départements, aux commissaires du Pouvoir exécutif et aux écoles centrales. — Il restitua au Trésor une somme de 1,500,000 francs qui lui restait sur les fonds secrets mis à sa disposition, et de l'emploi de laquelle personne n'avait droit de lui demander compte.

Cet homme, dont on prétendait flétrir la mollesse, était debout avant cinq heures du matin, pendant l'hiver rigoureux de l'an VI, et, dès huit heures du matin, il avait distribué leur tâche aux chefs de division. Son esprit, partout présent, resta, durant une année, le centre d'une correspondance immense; il répandit la vie et l'émulation dans toutes les branches d'une administration compliquée. Cet homme, qu'on accusait d'avoir adulé Marat, et poursuivi jusque dans leurs tombes Vergniaud et les autres victimes du 31 mai, était alors sous les verrous pour cause de *modérantisme*, attendant chaque jour qu'on le conduisît à l'échafaud!

Ch. Conus,

Chef de bureau à la Mairie d'Epinal.

www.ingramcontent.com/pod-product-compliance
Lightning Source LLC
La Vergne TN
LVHW010336230826
846091LV00009B/3899

* 9 7 8 2 0 1 9 9 8 6 5 5 1 *